C000021622

Fairy Princess Colouring Book

Gorgeous Fairy Colouring Books for Girls

by Nick Marshall

This Colouring Book Belongs to

____

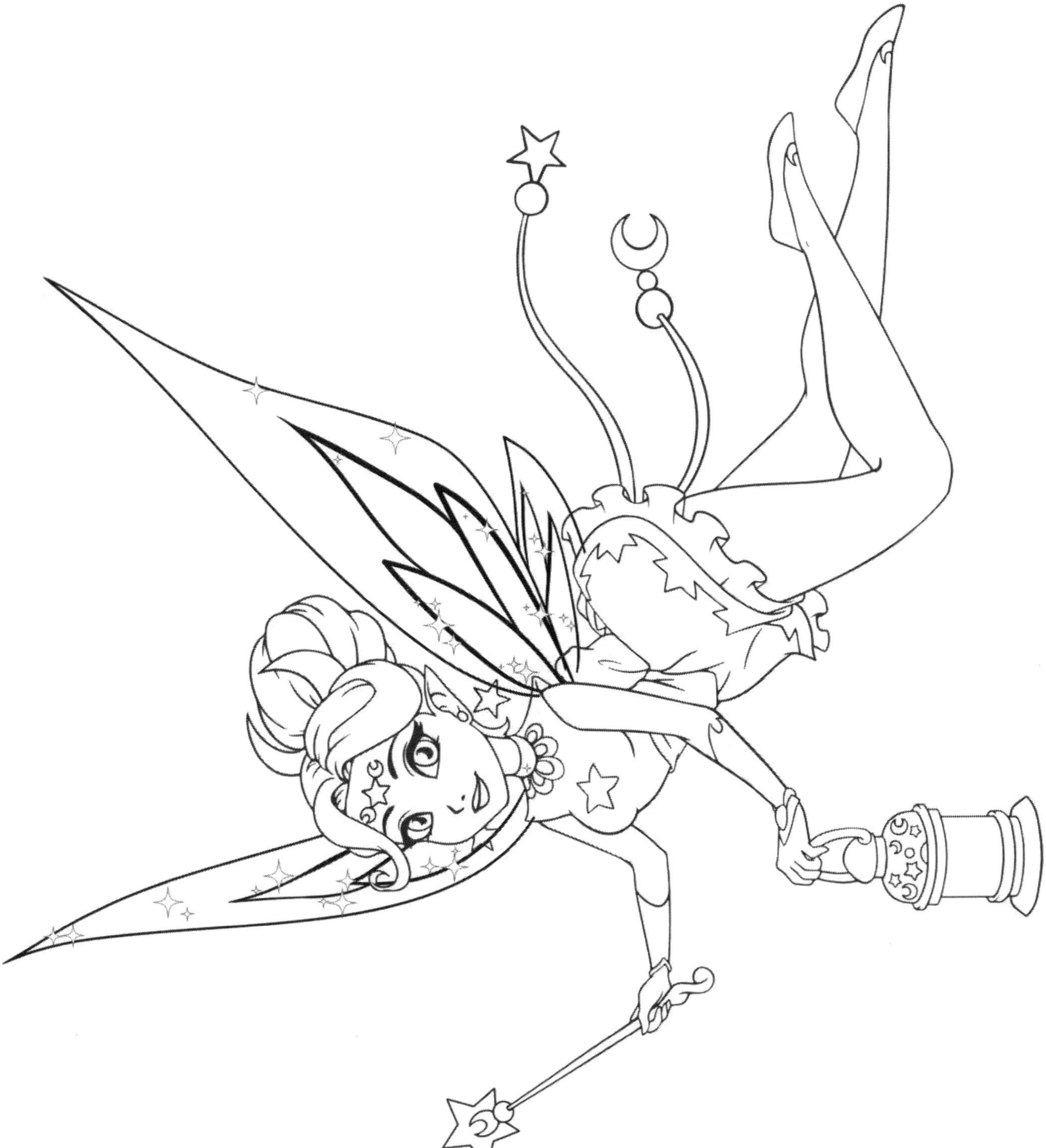

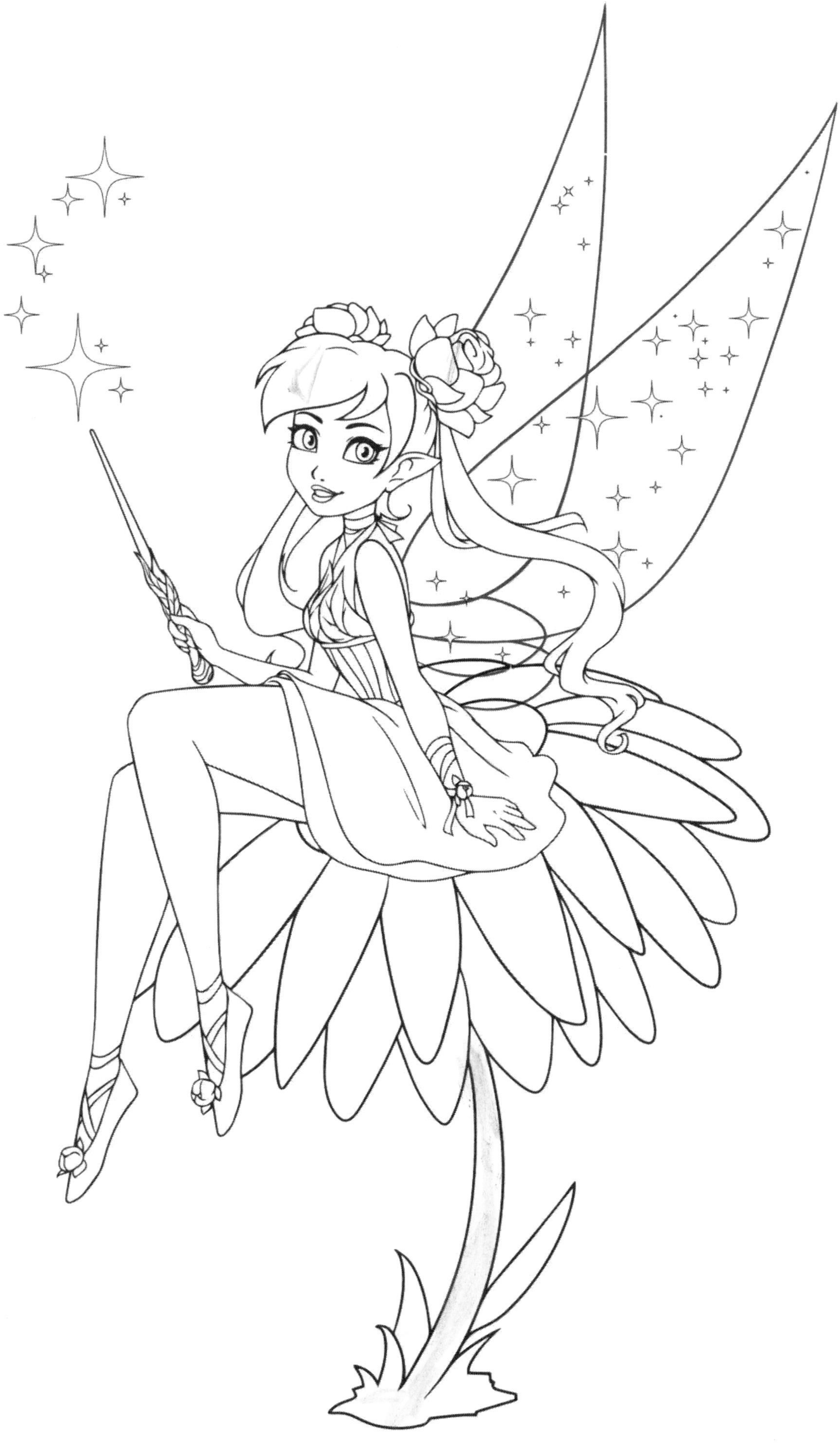

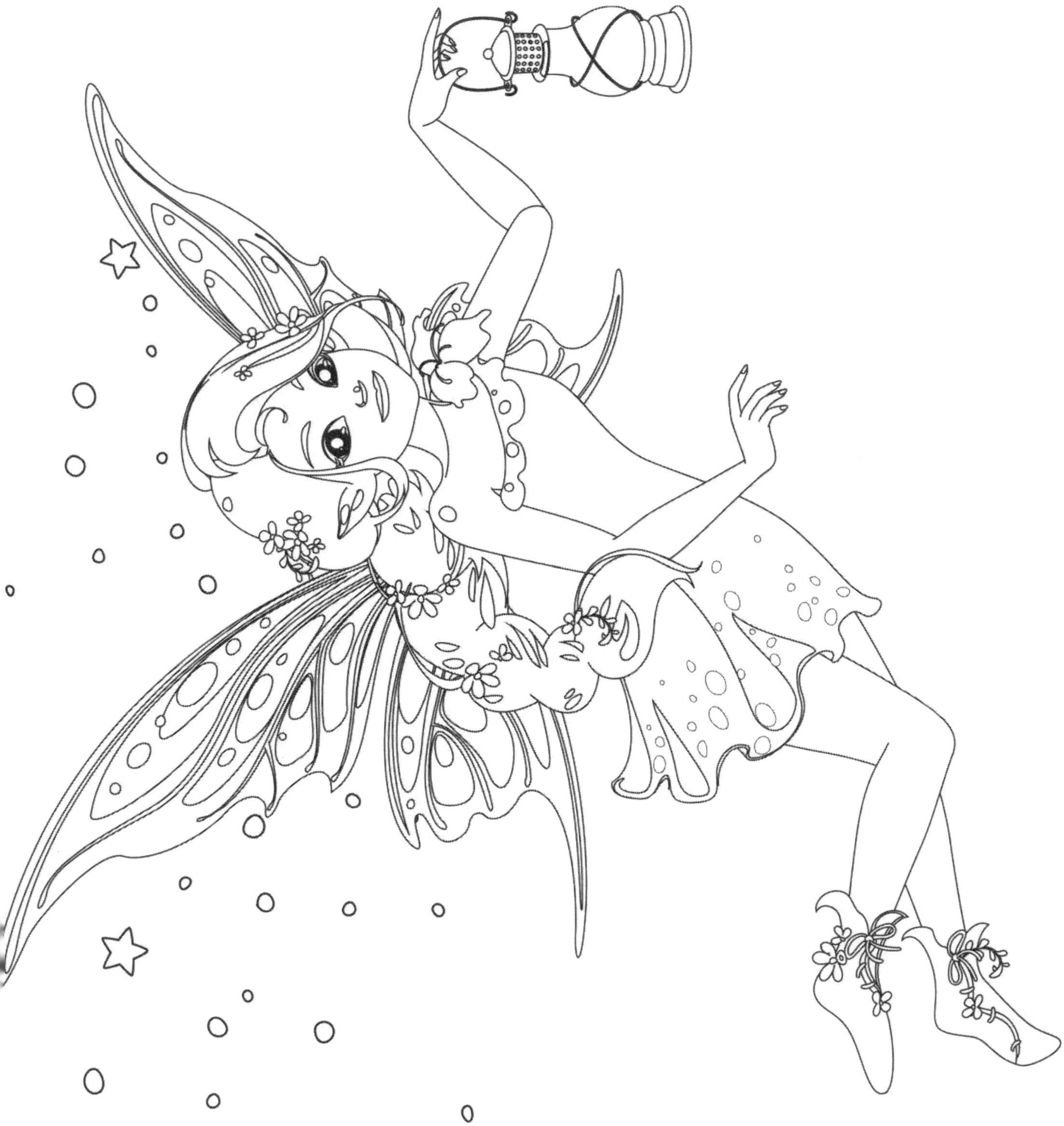

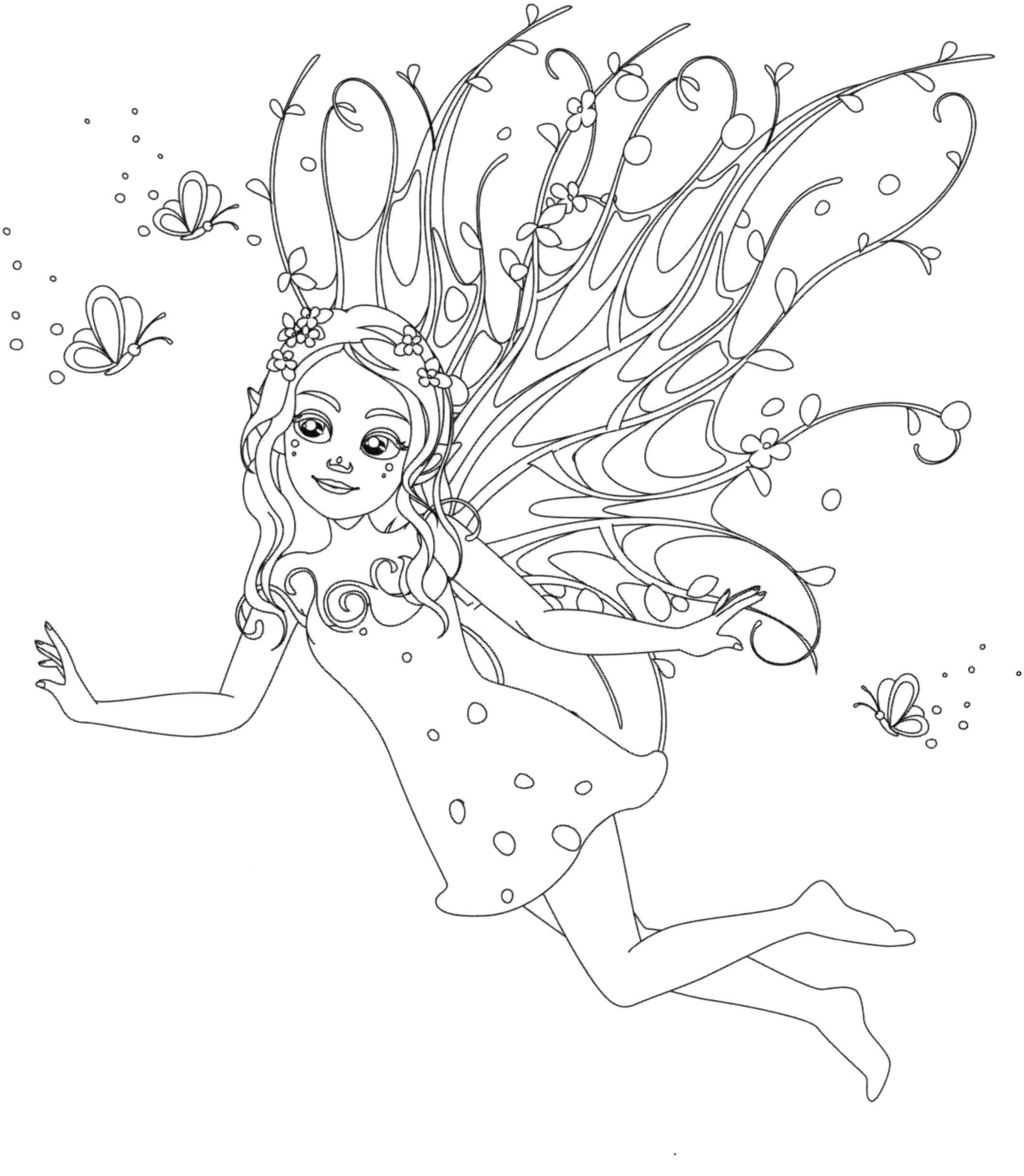

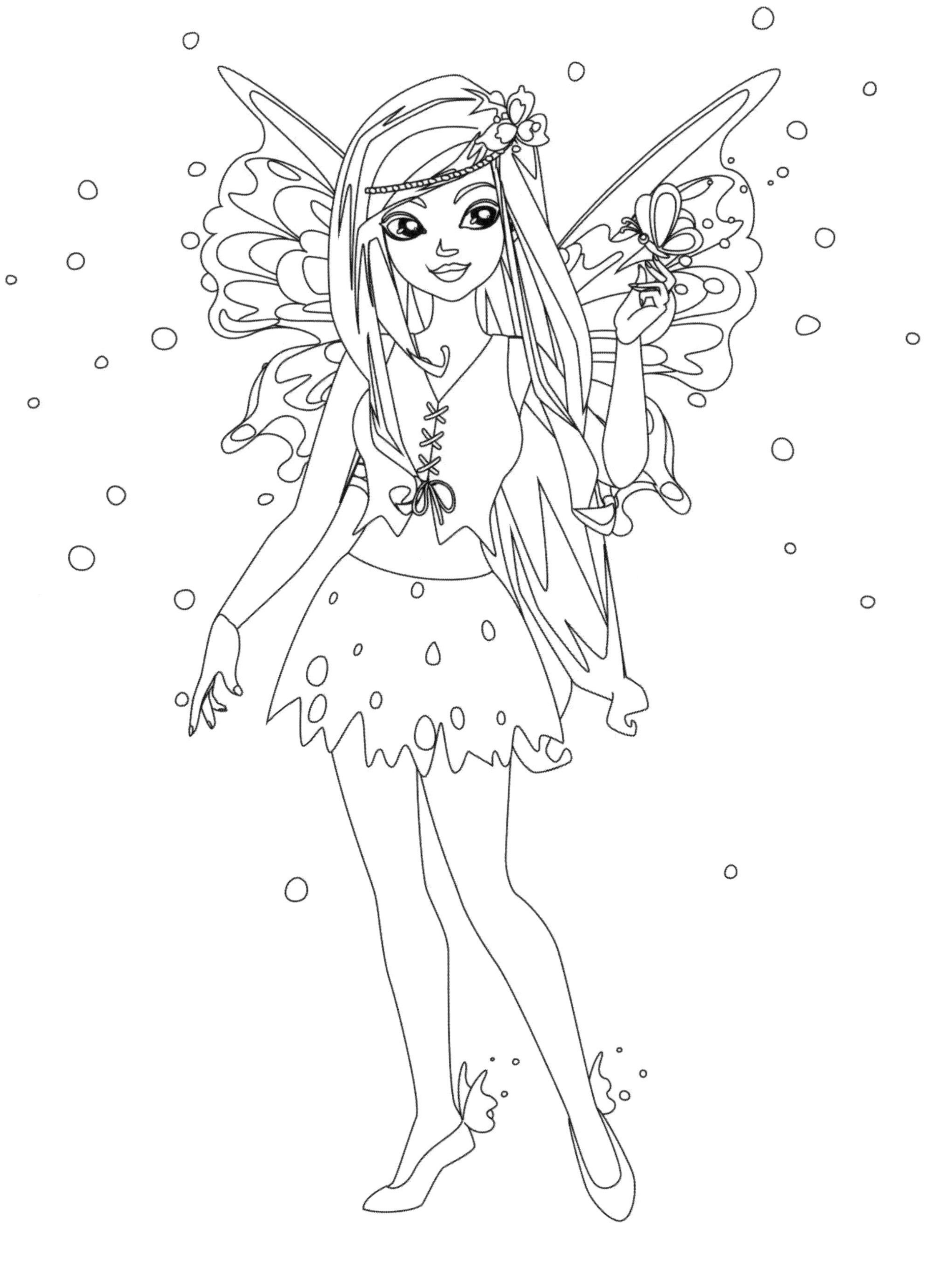

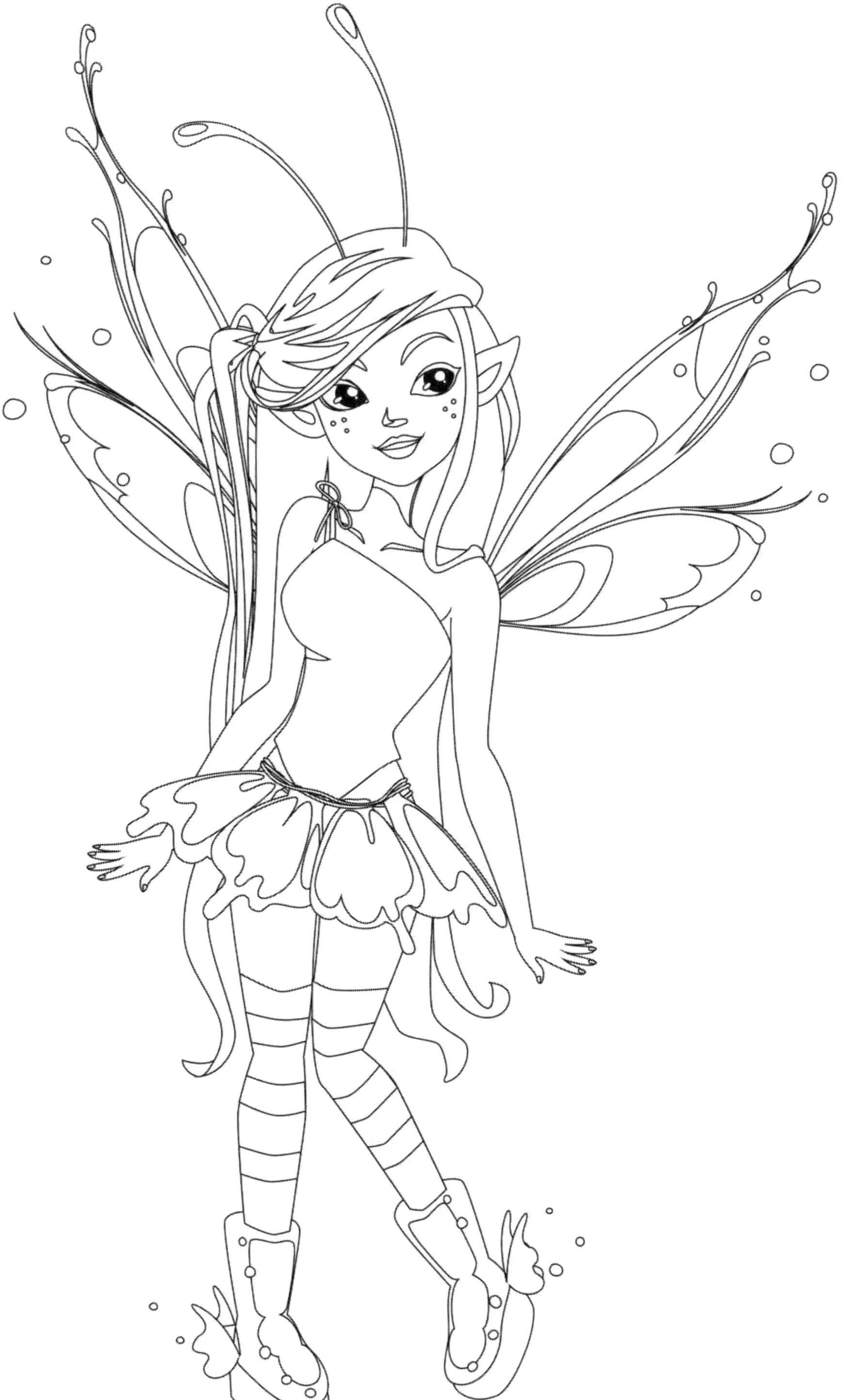

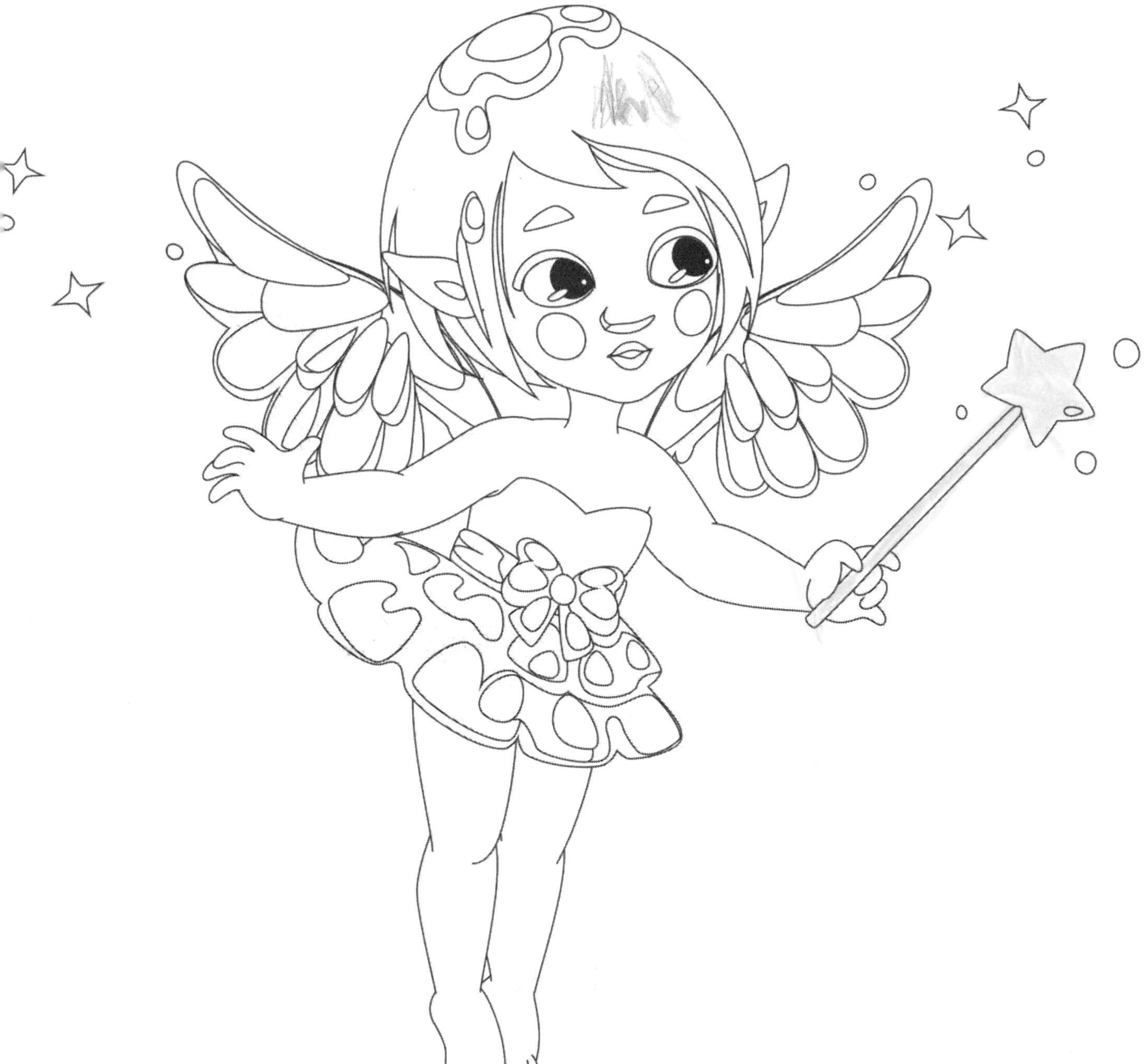

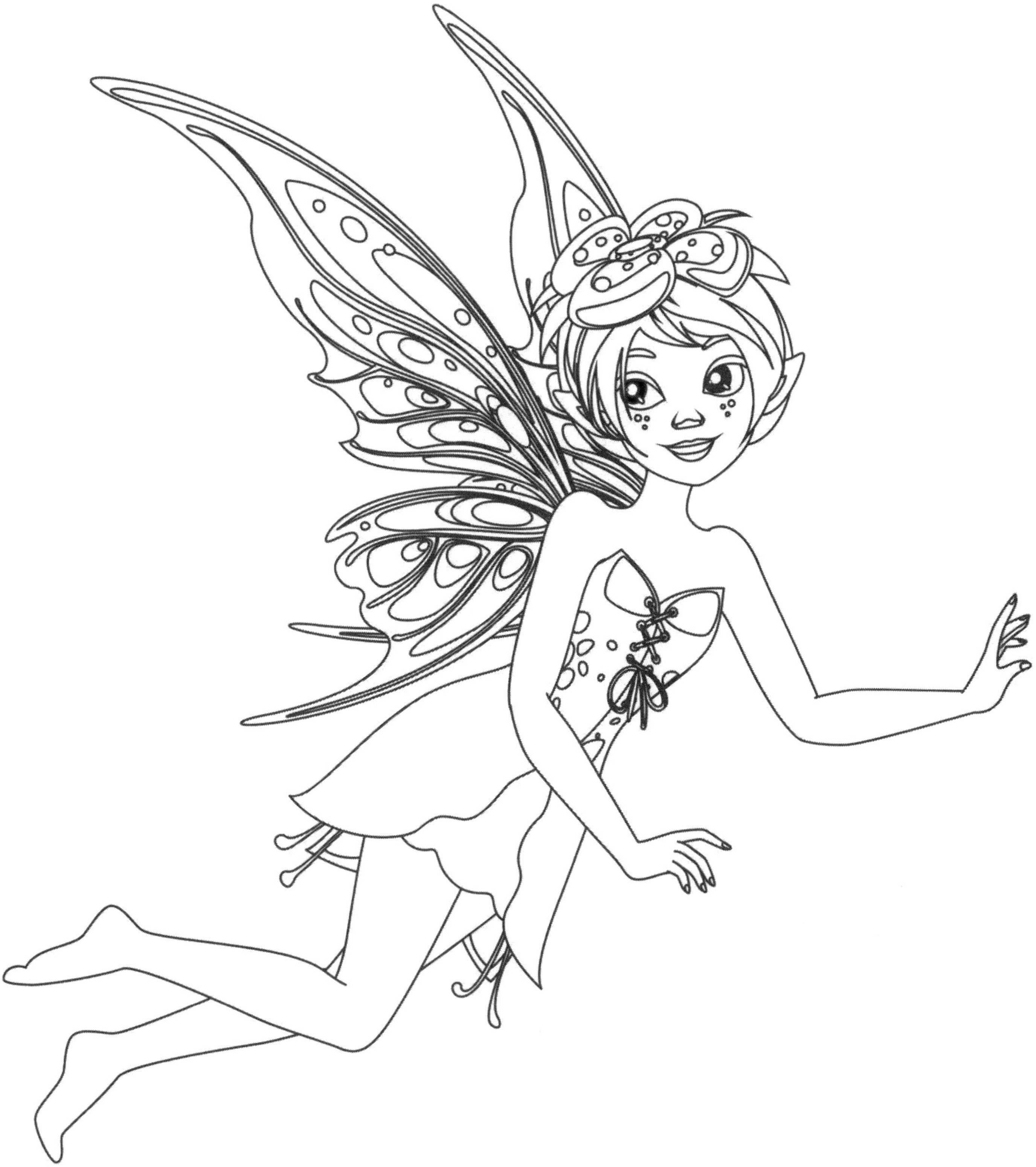

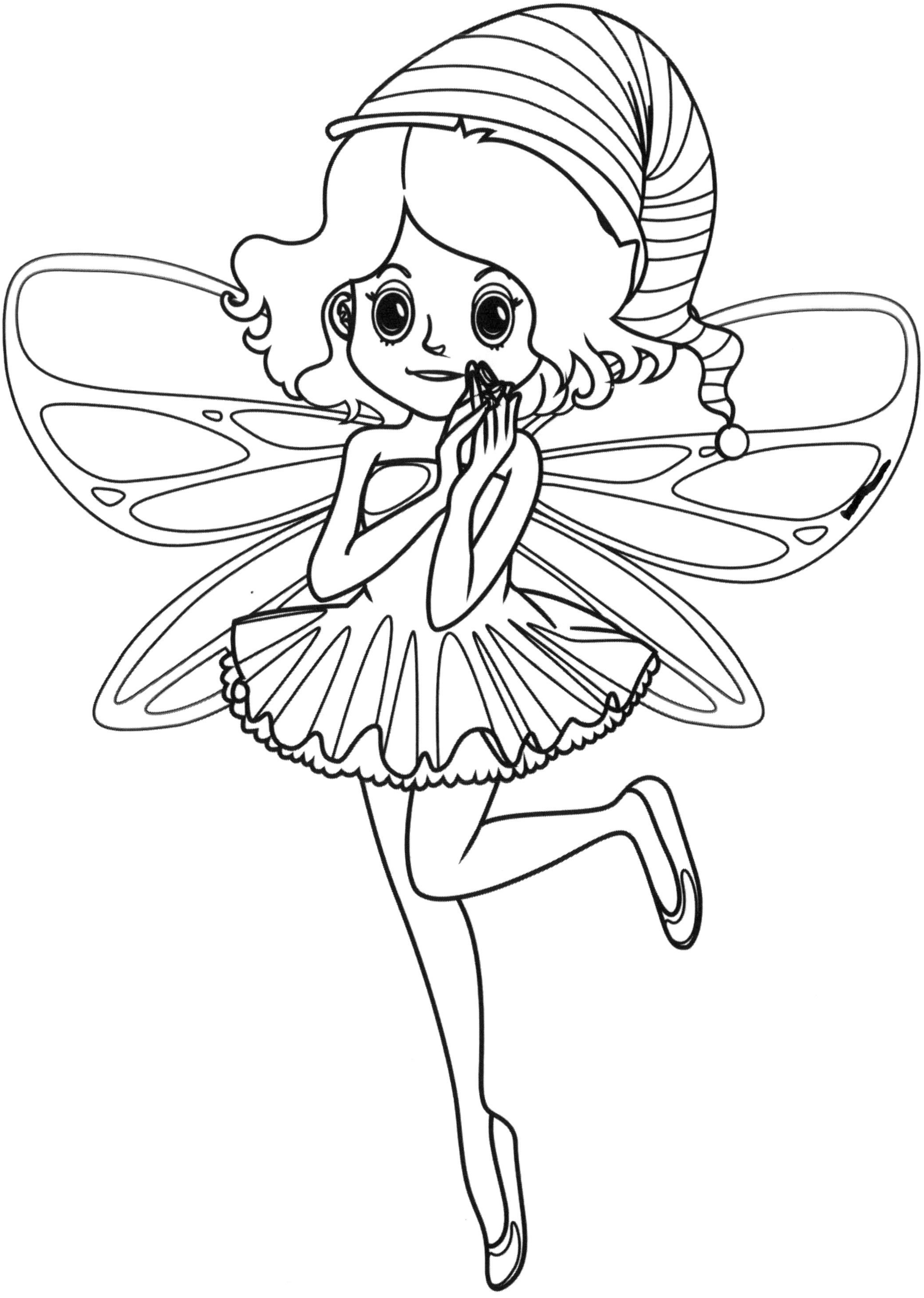

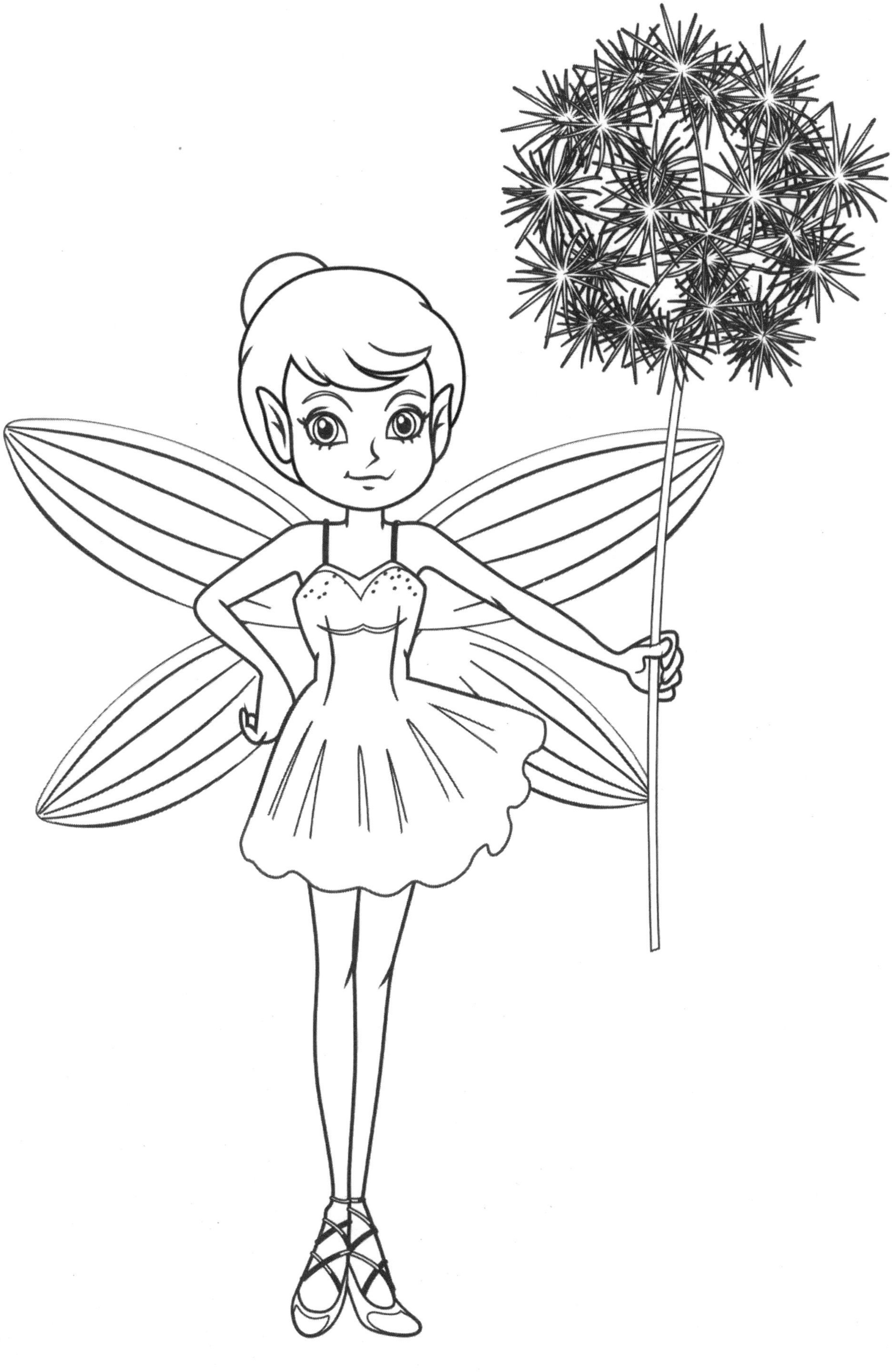

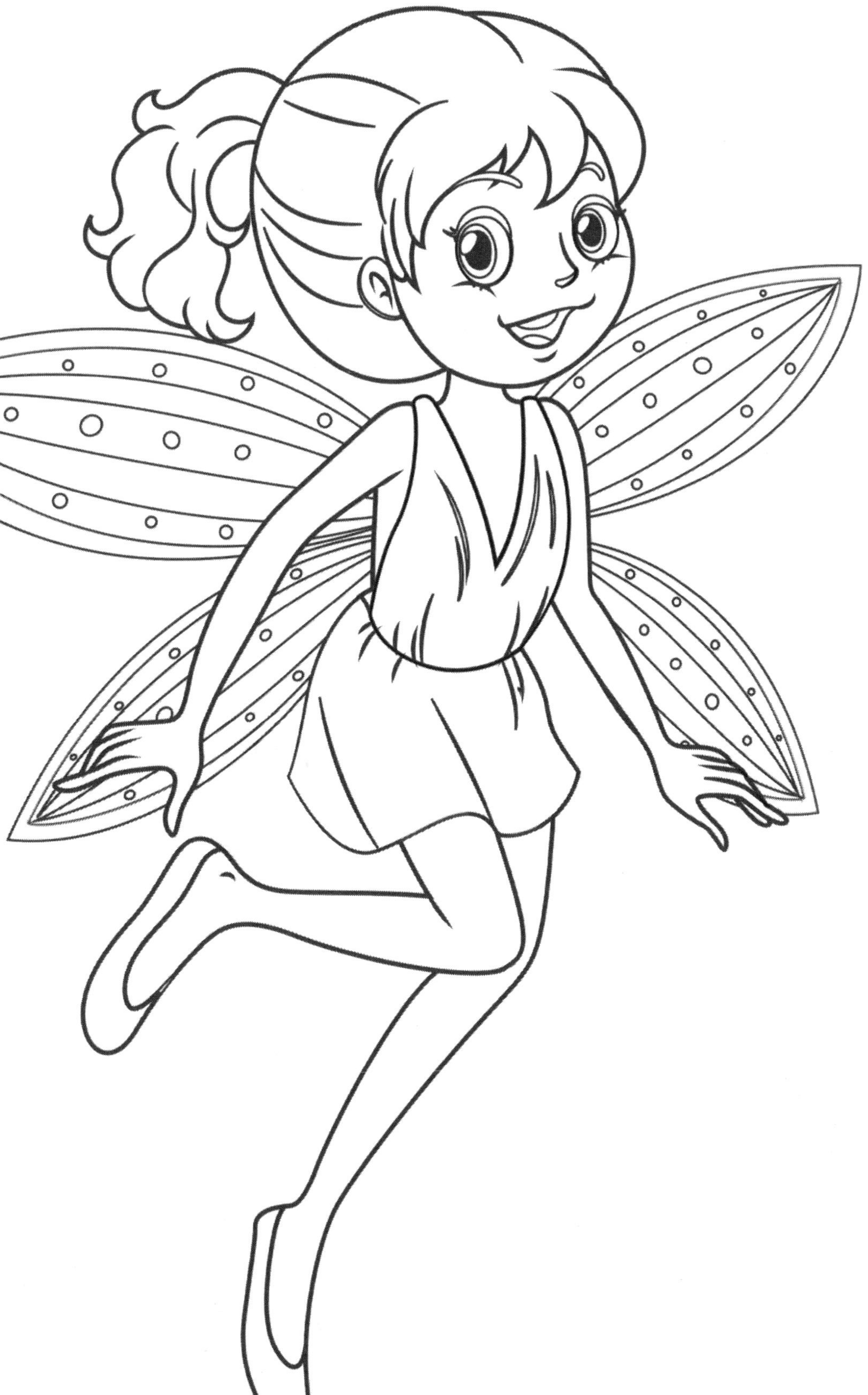

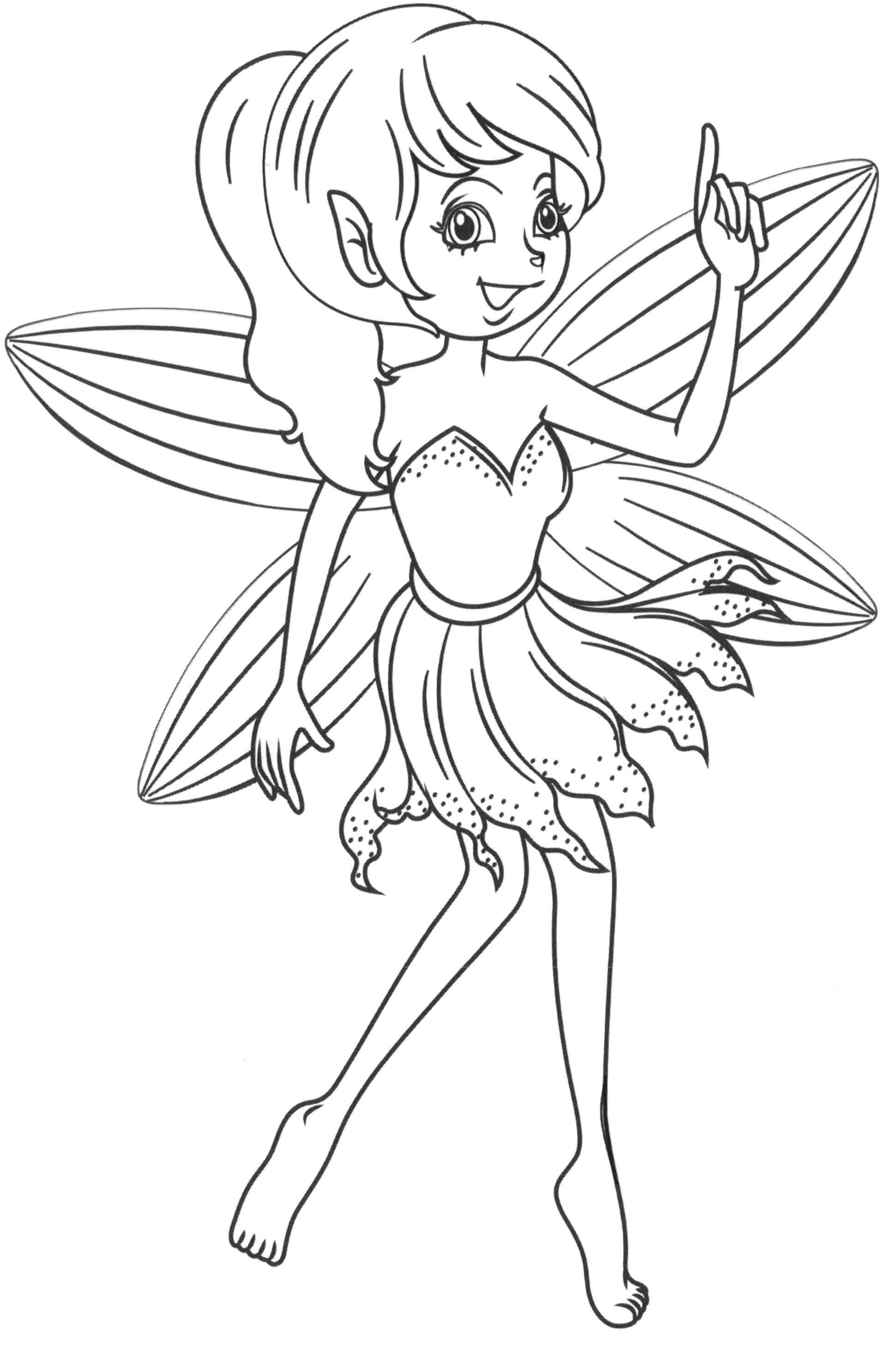

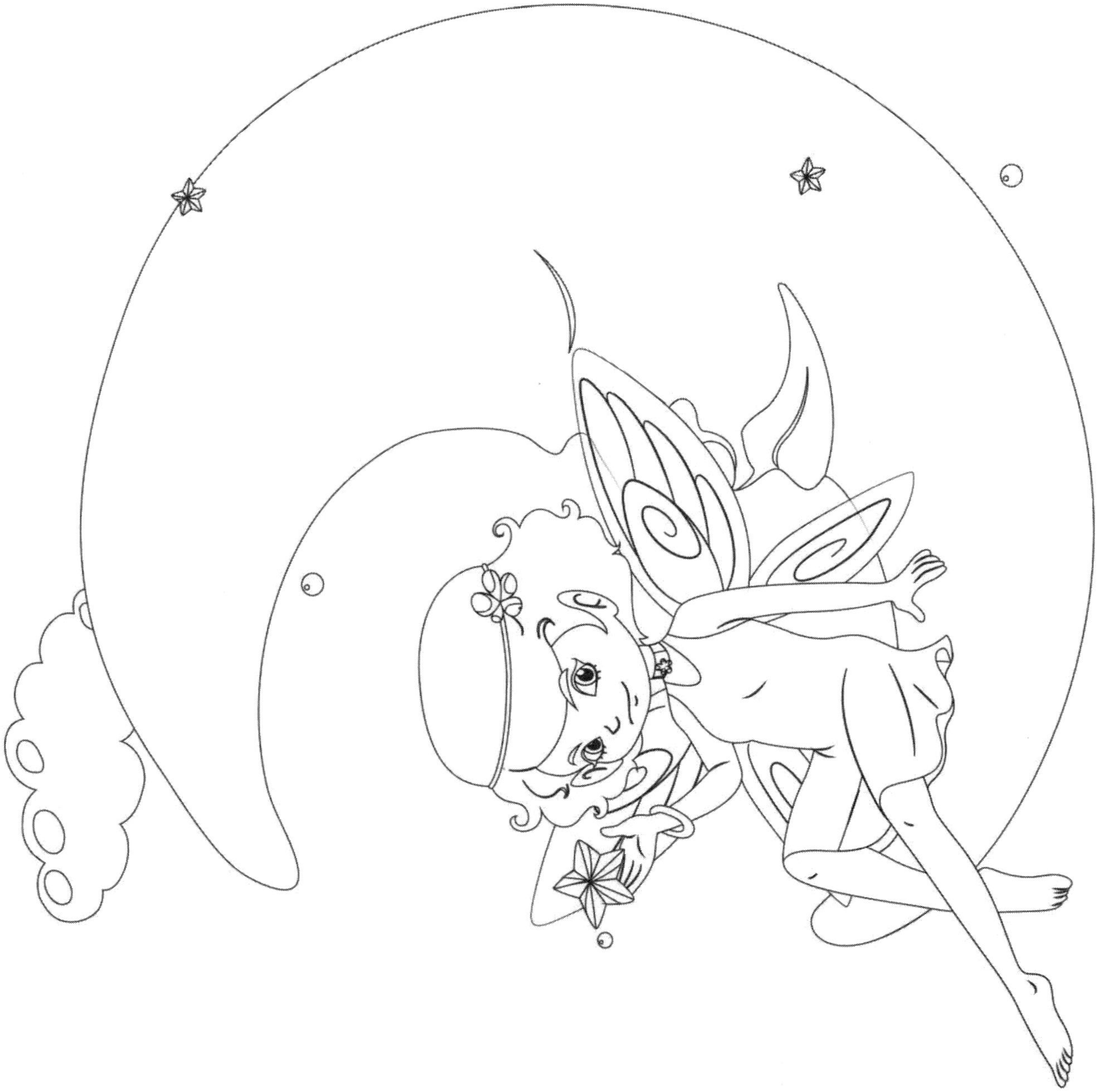

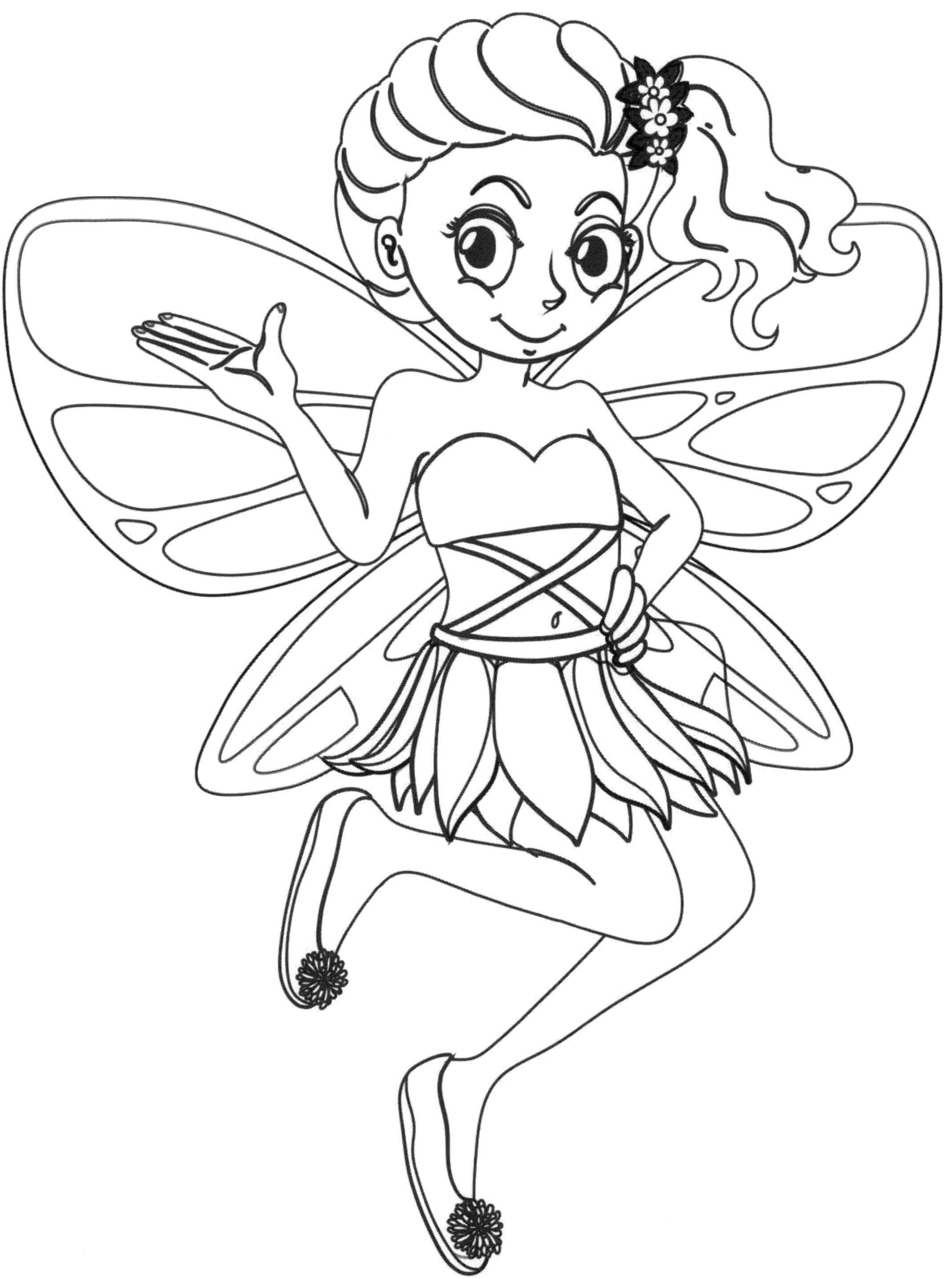

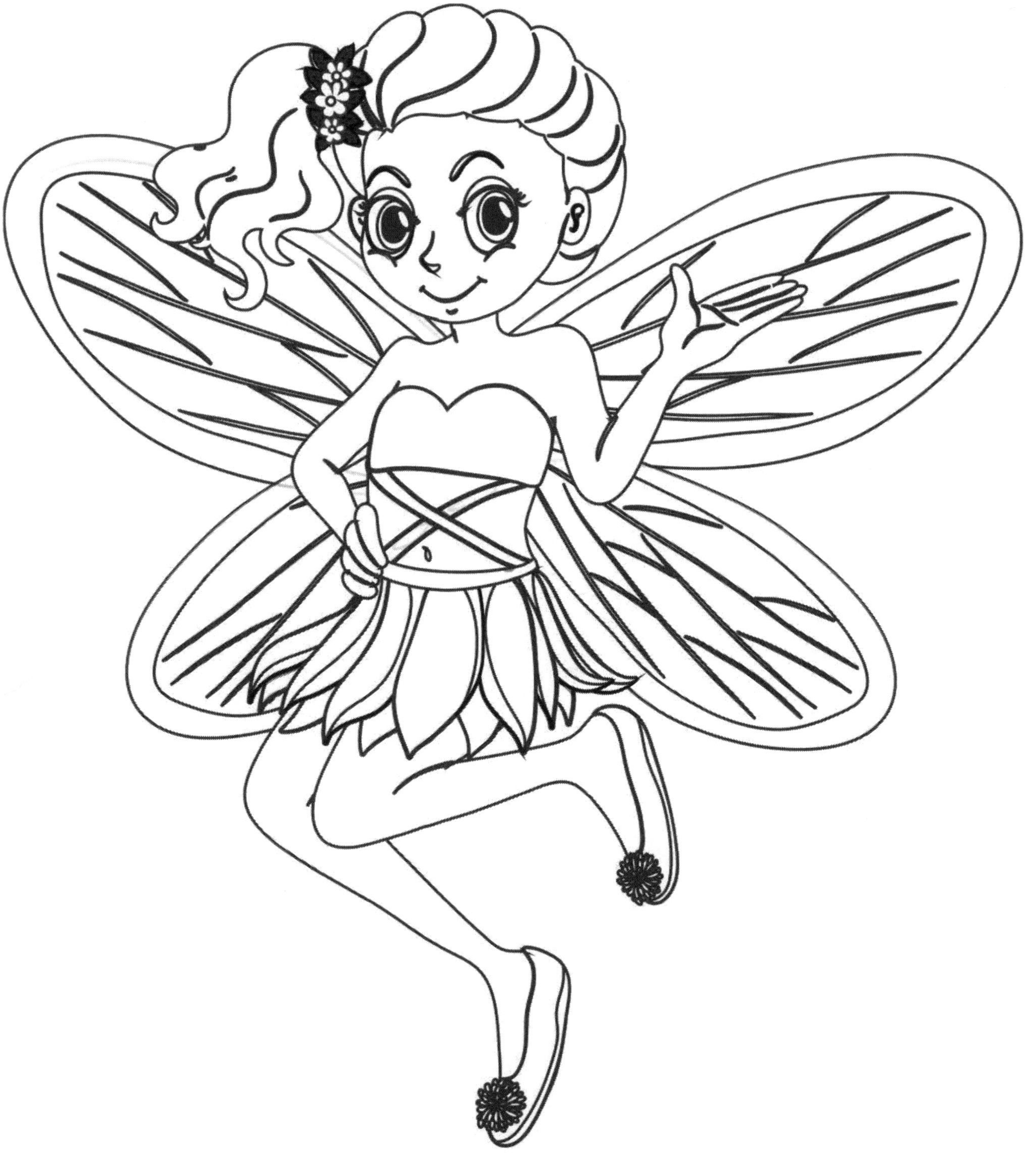

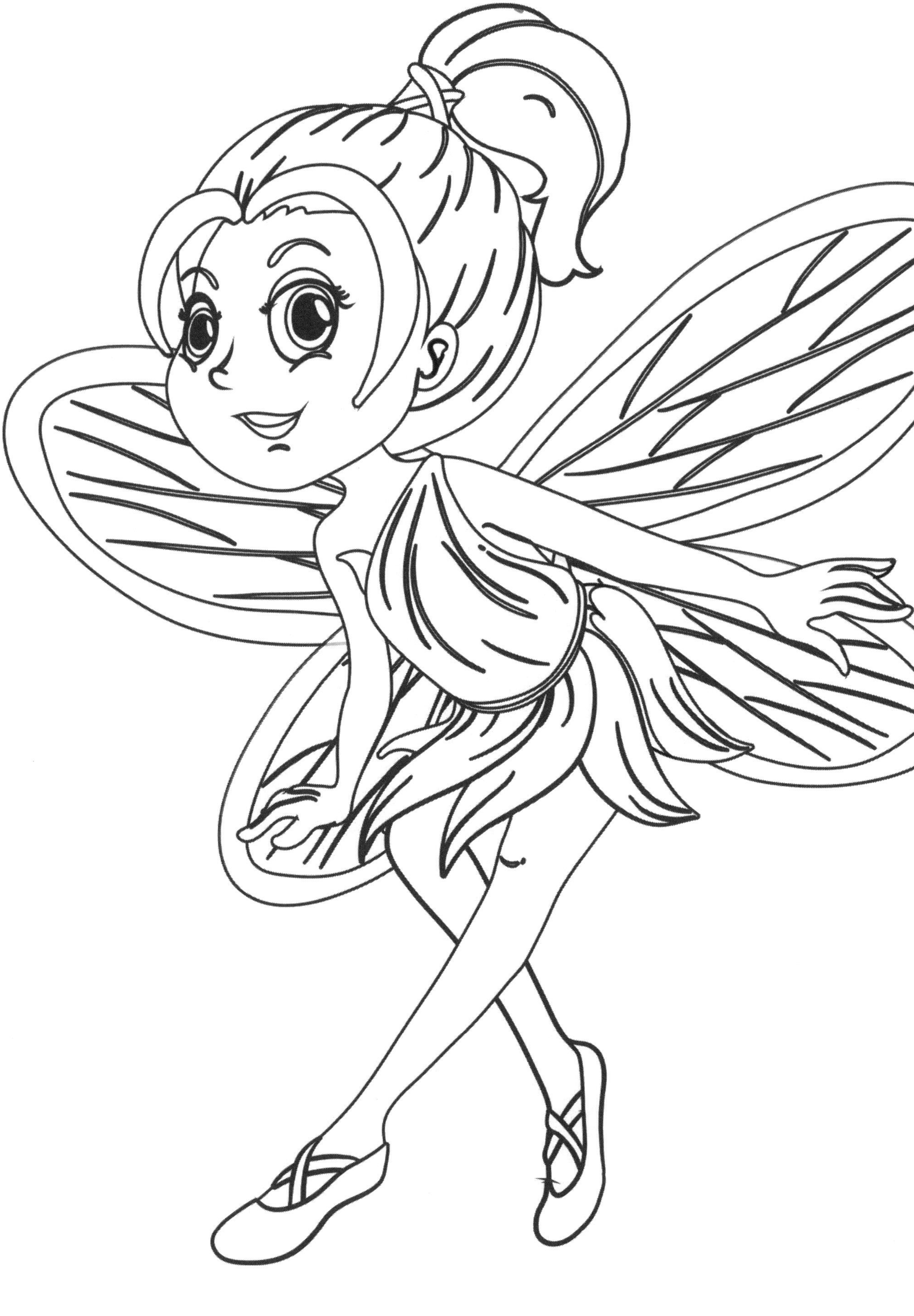

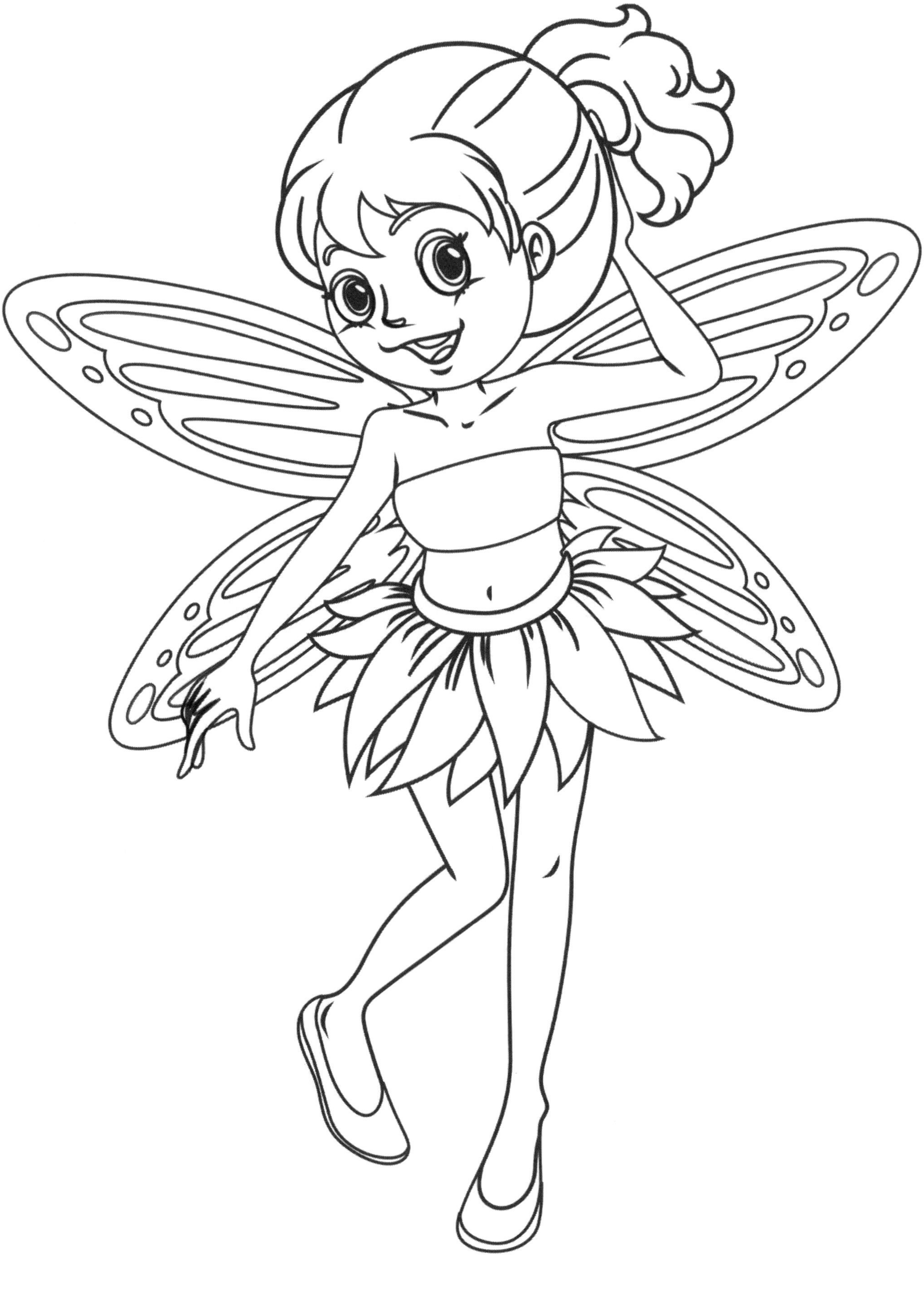

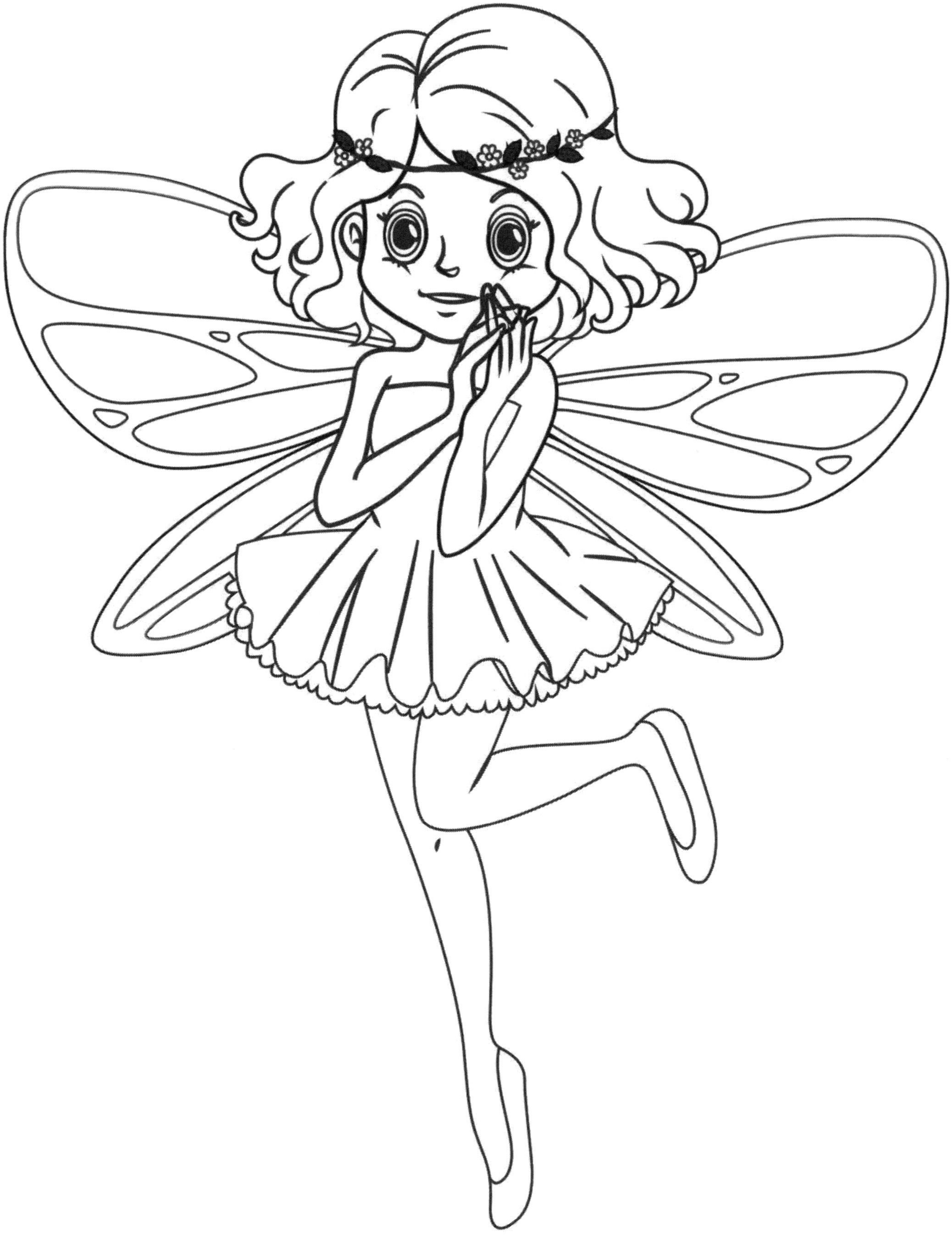

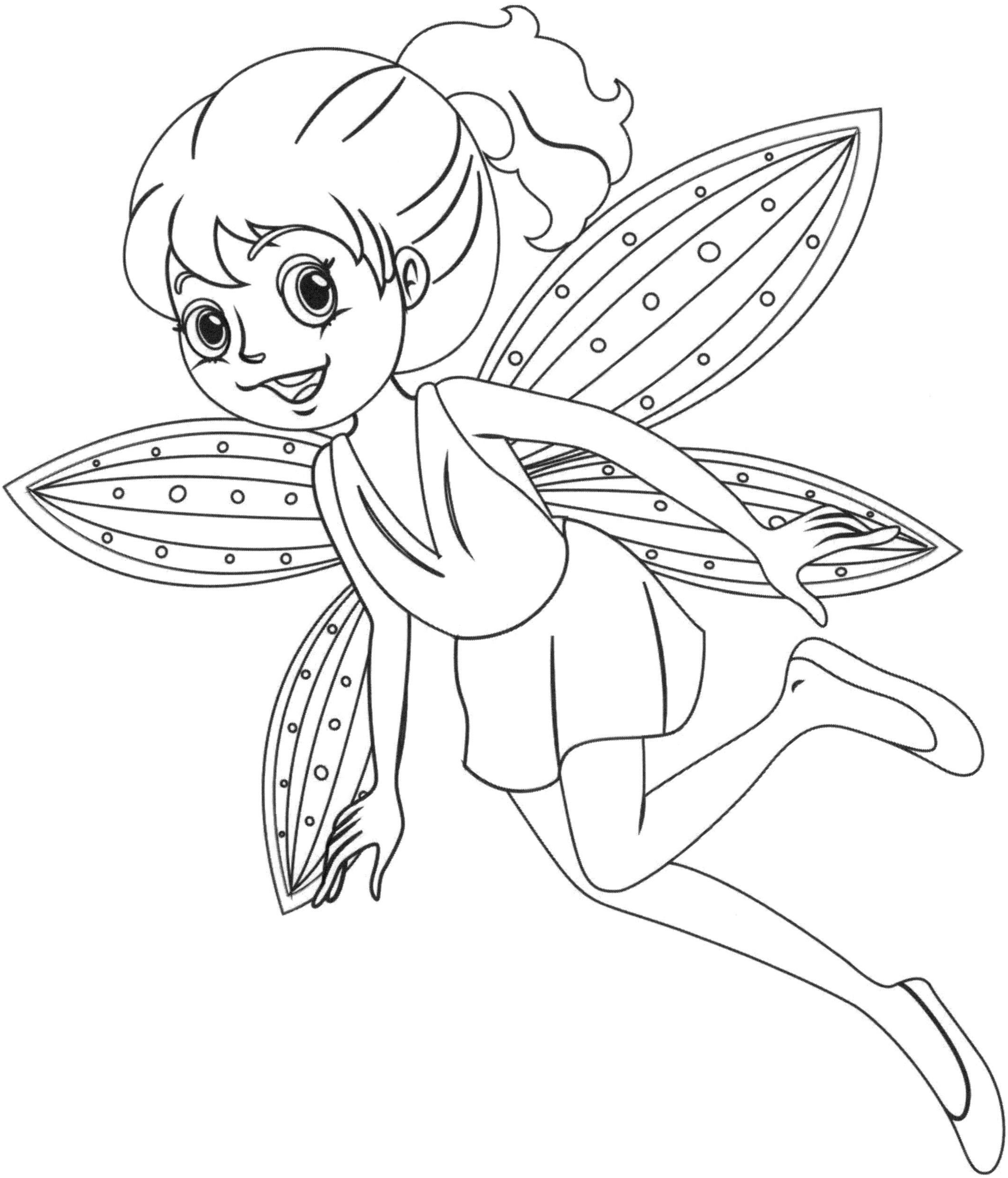

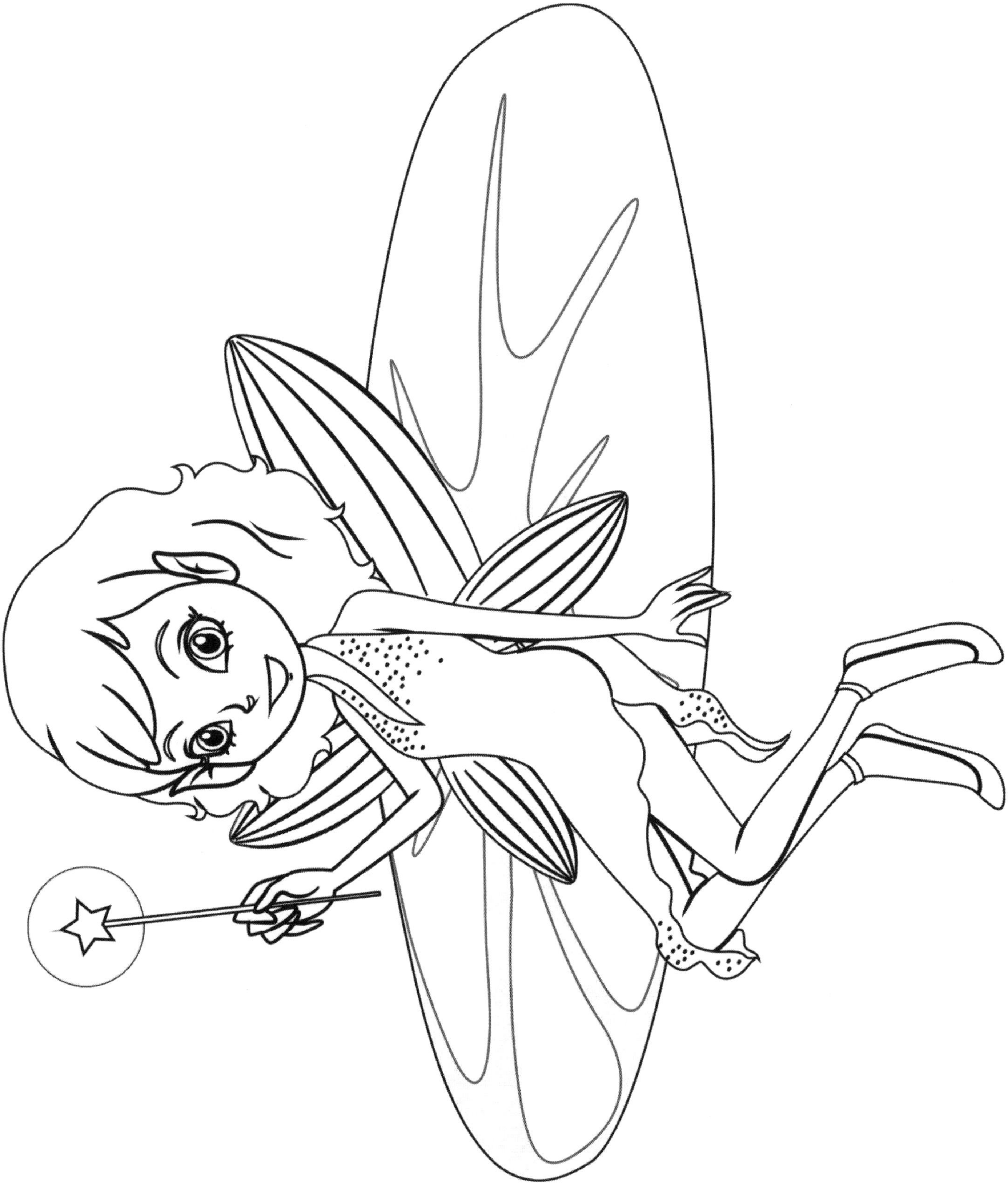

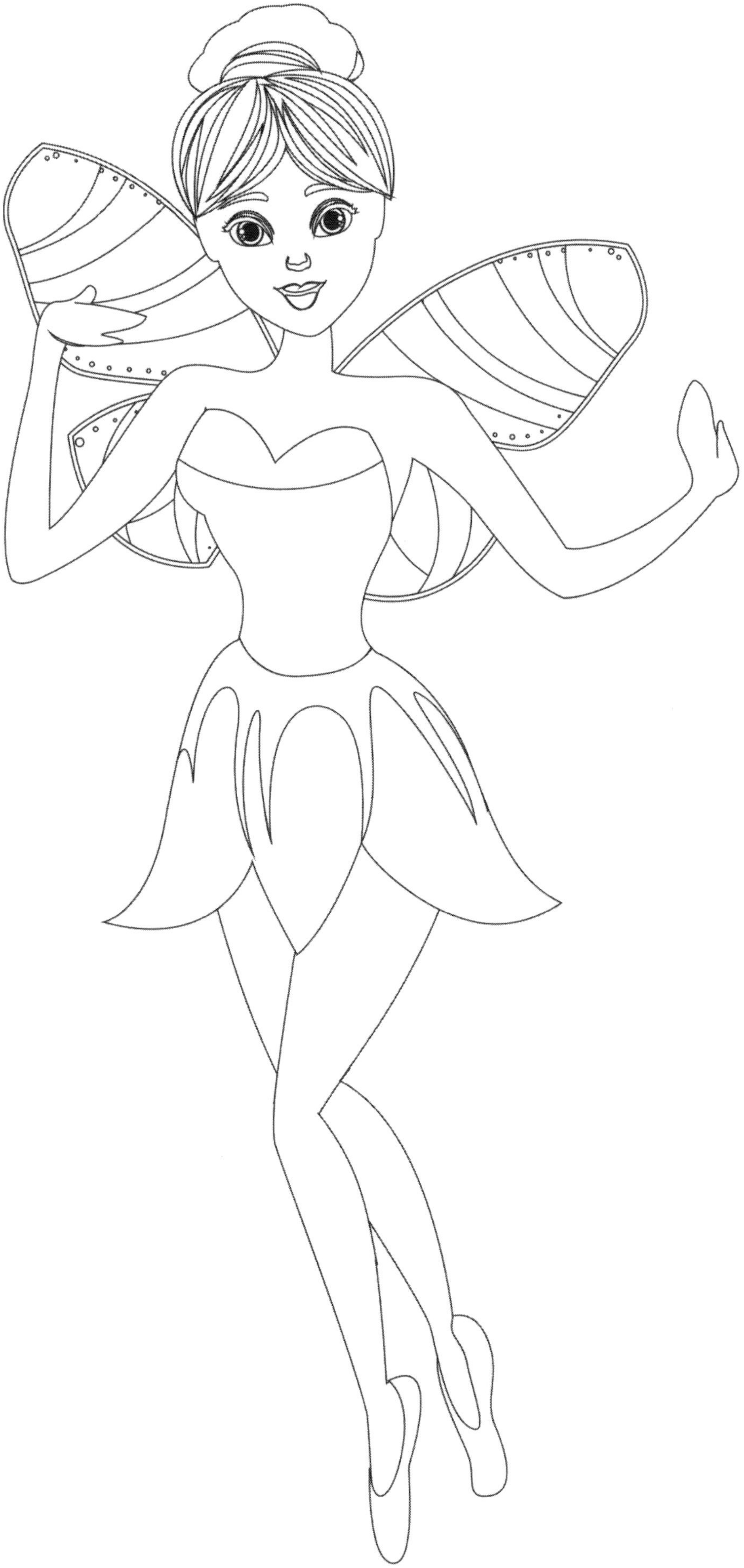

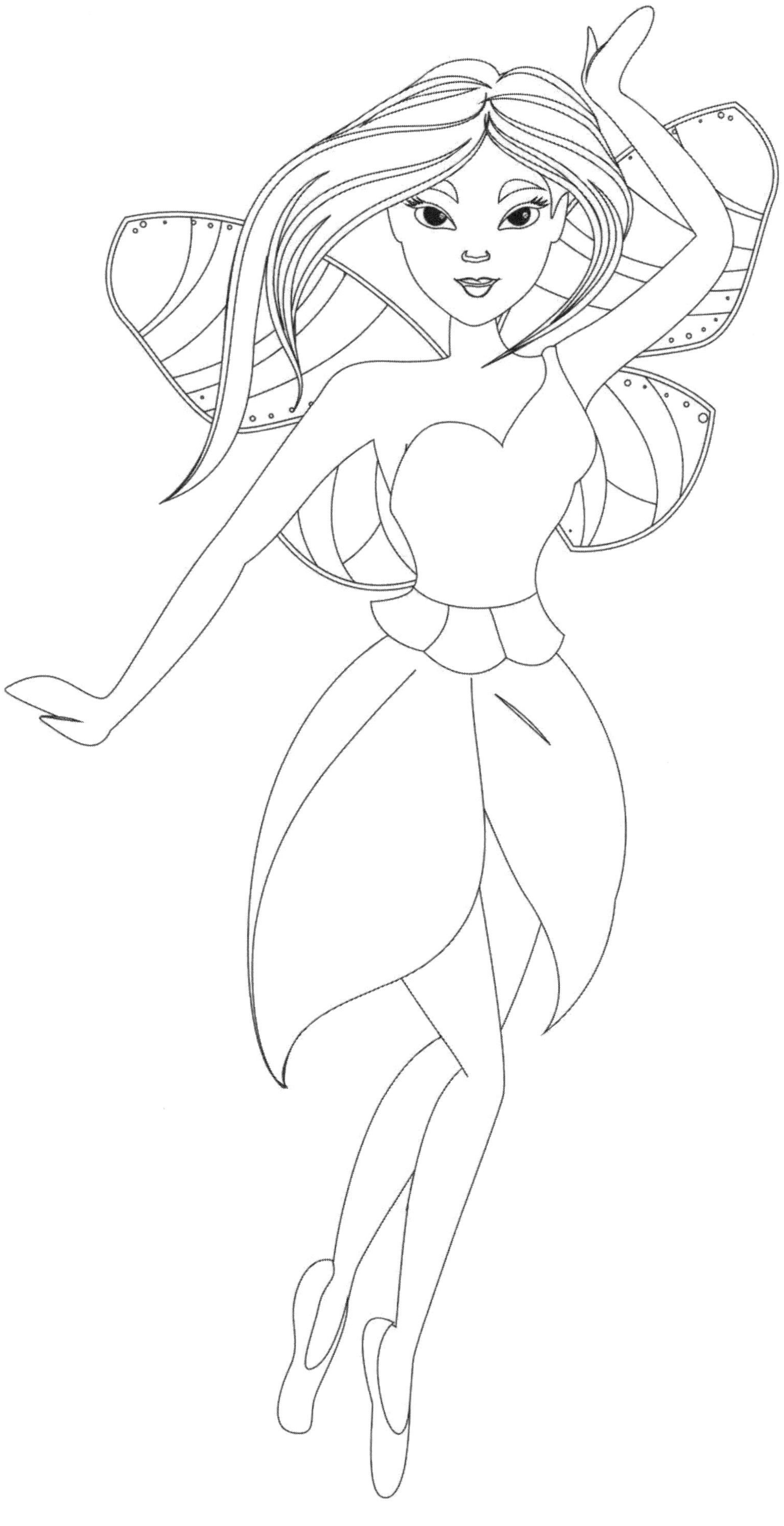

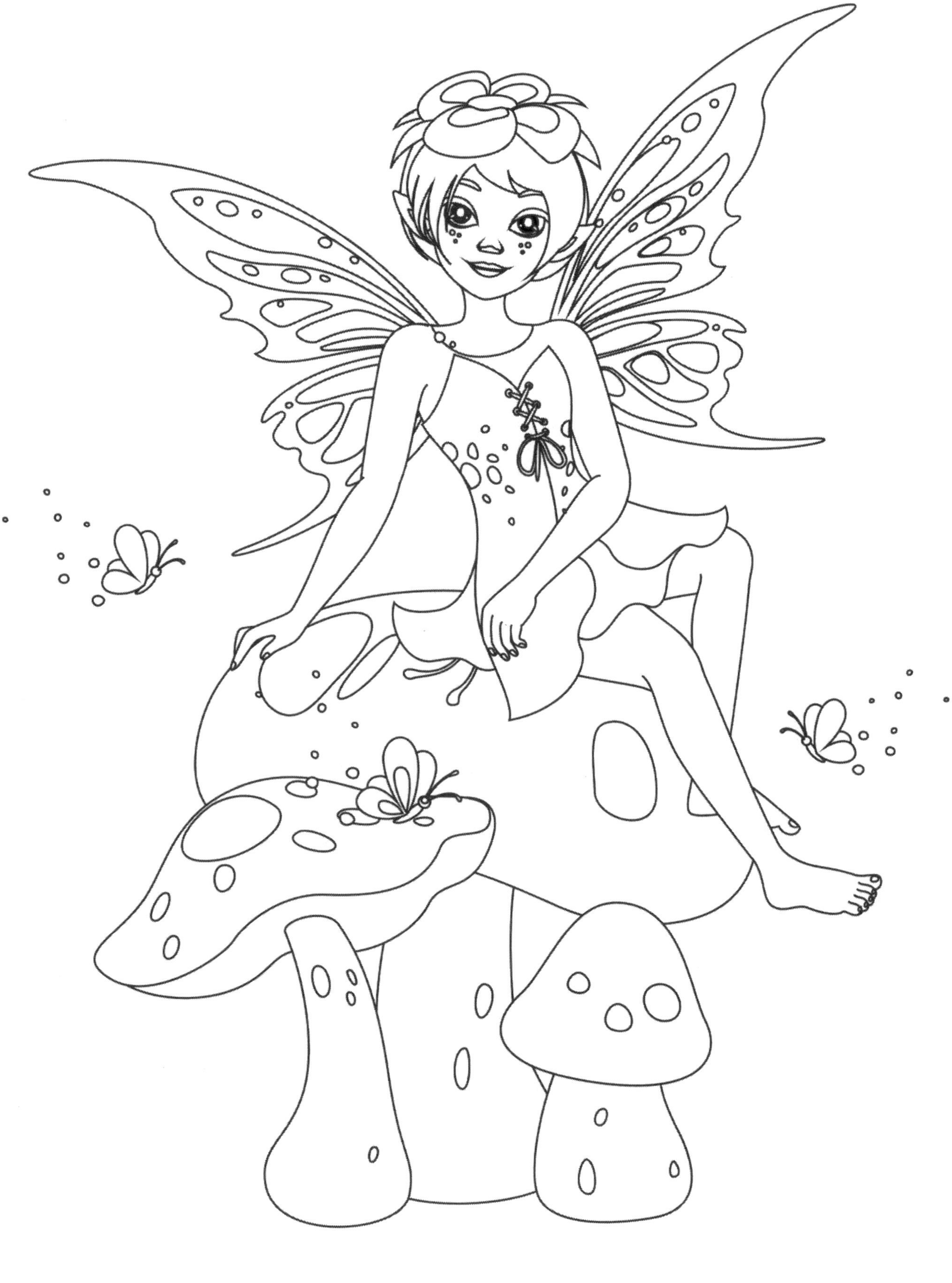

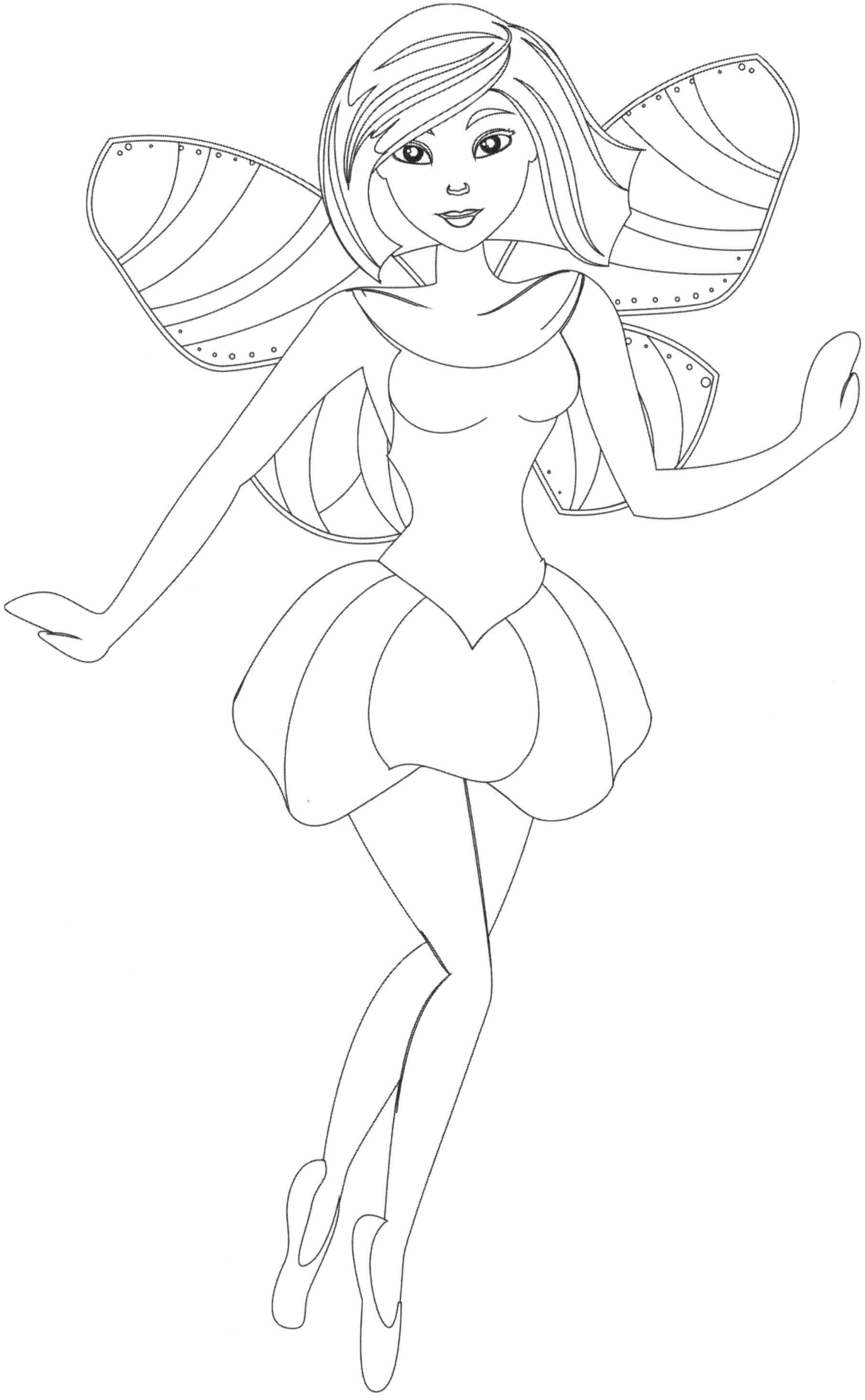